IVO KIRCHEIS

PAPA, WANN ESSEN WIR MAL EIN PFERD?

Erste Auflage 2011
© 2010 Ivo Kircheis und Beatcomix
Alle Rechte vorbehalten.

„Papa, wann essen wir mal ein Pferd?" erscheint bei Beatcomix, Dresden
Herausgeber/Layout: Marian Schönfeld
www.beatcomix.de

Verlegt im Holzhof Verlag, Dresden
www.holzhof-verlag.de

Druck: addprint, Bannewitz

ISBN 978-3-939509-84-4

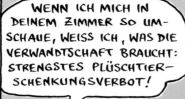

WENN ICH MICH IN DEINEM ZIMMER SO UMSCHAUE, WEISS ICH, WAS DIE VERWANDTSCHAFT BRAUCHT: STRENGSTES PLÜSCHTIERSCHENKUNGSVERBOT!

WARUM?

STRUPPI

SANCHO

MAXI

KLEINER TEDDY

HASE

HAGGIS

GROSSER TEDDY

MITTLERER TEDDY

HEIN BLÖD

HUBBA HUBBA

KERMIT

SOWIE CA. 15 NO-NAMES ...

DEIN NEUES PLÜSCHEINHORN ZWINGT MICH ZU EINER PRÄZISIERUNG: PLÜSCH- UND ROSA- VERBOT!

MEIN PFERD- CHEN! MEIN PFERD- CHEN!

©IVO

DA, AUF EINMAL – SCHRITTE! UND AN DER WAND EIN FURCHTEINFLÖSSENDER SCHATTEN MIT EINER GROSSEN SCHARFEN AXT ÜBER DER SCHULTER: DER KÖNIGLICHE SCHARFRICHTER.

SCHARFRICHTER, HAHAHA...

"ÖFFNET SOFORT DIE TÜR!" BEFAHL DER PRINZ DEN WACHEN.

WACHEN? WELCHE WACHEN?

ELLA, NICHT IMMER DAZWISCHENREDEN!

ALSO WACHEN... DIESE LACHTEN NUR HÖHNISCH UND DA WAR AUCH SCHON DER SCHARFRICHTER.

SCHARFRICHTER... SCHON WIEDER! WAHAHAHA...

GOOFYS SCHLAUER PLAN HATTE FUNKTIONIERT. ALS SCHARFRICHTER VERKLEIDET...

WAAAHAHAHA

HA HA HA HA ©IVO

...WAR ER UNGEHINDERT IN DAS SCHLOSSVERLIES GELANGT, UND JETZT MUSSTE ER NUR NOCH DEN RICHTIGEN SCHLÜSSEL FINDEN, BEVOR DIE BEWUSSTLOSEN WACHEN WIEDER ZU SICH KAMEN. ENDE!

PAPA, WOHER WEISS DER WEIH-NACHTSMANN EIGENTLICH, WAS ICH MIR WÜNSCHE?

GUTE FRAGE... AM BESTEN, DU MALST IHM EINEN WUNSCH-ZETTEL!

OK, MACH ICH!

FÜNF MINUTEN SPÄTER

FERTIG!

...UND WAS IST DAS JETZT IM EINZELNEN?

AAALSO... EINE WUNDERSCHÖNE PUPPE MIT ROSA KLEID, ROSA HUT, GRÜNEM BAUCH UND GELBEN STRÜMPFEN, EINE KATZE, EIN TEDDY, EINE RAUPE, EIN HERD... LEGO... ZUCKERSTÜCKCHEN UND EINE ÜBER-RASCHUNG!

ALSO BESONDERS ZURÜCK-HALTEND WARST DU NICHT GERADE...

DOCH, WAR ICH!

www.ivokircheis.com

©ivo

Ivo Kircheis, geboren 1966 in Freiberg/Sa., lebt als Comiczeichner und Illustrator in Dresden. Neben längeren Comicgeschichten für den Autorenverlag BEATCOMIX zeichnet er seit mehreren Jahren Strips für seine Webcomicserie „Paralleluniversum". Da er dort regelmäßig von den Erlebnissen mit seinen Kindern erzählt, entstand quasi nebenbei eine amüsante Chronik des ganz normalen Wahnsinns im Familienalltag.

Dieses Büchlein versammelt Strips aus den Jahren 2006 bis 2008. Mehr von Ella gibt es unter www.paralleluniversum.net.

Von Ivo Kircheis sind bei BEATCOMIX bereits erschienen:

„Paralleluniversum 1: Urknall" (2008), ISBN 978-3939509981

„Paralleluniversum 2: Quantenschaum" (2009), ISBN 978-3939509936

„Dave Grigger" (mit Mamei, 2009), ISBN 978-3939509929

„Rocket Blues" (mit Mamei, 2010), ISBN 978-3939509882